Sebastian Schäf, Albert Bub

Datenreduktion und Problemkerne

GRIN Verlag

Bibliografische Information der Deutschen Nationalbibliothek:

Die Deutsche Bibliothek verzeichnet diese Publikation in der Deutschen National-
bibliografie; detaillierte bibliografische Daten sind im Internet über http://dnb.d-
nb.de/ abrufbar.

Impressum:

Copyright © 2013 GRIN Verlag GmbH
Druck und Bindung: Books on Demand GmbH, Norderstedt Germany
ISBN: 978-3-656-43812-0

Dieses Buch bei GRIN:

http://www.grin.com/de/e-book/214875/datenreduktion-und-problemkerne

GRIN - Your knowledge has value

Der GRIN Verlag publiziert seit 1998 wissenschaftliche Arbeiten von Studenten, Hochschullehrern und anderen Akademikern als eBook und gedrucktes Buch. Die Verlagswebsite www.grin.com ist die ideale Plattform zur Veröffentlichung von Hausarbeiten, Abschlussarbeiten, wissenschaftlichen Aufsätzen, Dissertationen und Fachbüchern.

Besuchen Sie uns im Internet:

http://www.grin.com/

http://www.facebook.com/grincom

http://www.twitter.com/grin_com

ulm university universität

uulm

Proseminar Datenreduktion

Albert Bub und Sebastian Schäf

Universität Ulm
Institut für theoretische Informatik

Zusammenfassung. Diese Ausarbeitung beschäftigt sich mit der Reduktion von Problemen auf einen Problemkern in Graphen. Es wird erläutert was ein Kern und was eine Reduktionsregel ist. Es werden verschiedene Reduktionsregeln vorgestellt um ein gegebenes Problem zu reduzieren. Anhand des VERTEX COVERS wird beispielhaft die Anwendung dieser Reduktionsregeln demonstriert. Mit dem HITTING-SET-Problem erweitert sich dann anschließend das Feld der Reduktionsmöglichkeiten auf die Hypergraphen - dabei wird auch gezeigt, warum es so schwer ist, eine optimale Minimierung zu finden. Das letzte Kapitel dagegen widmet sich den Reduktionsmöglichen mit Hilfe des DOMINATING-SETS. Hierbei handelt es sich jedoch wieder um eine Reduktionsmöglichkeit von normalen Graphen.

1 Grundlagen

1.1 Vorwort (Parametrisierte Algorithmen FPT)

Ein Graphenproblem ist genau dann parametrisierbar ("fixed parameter tractable"), wenn ein Algorithmus existiert, der das Problem in einer Laufzeit von $f(k) \cdot p(n)$ löst. [1]

Hierbei ist:

- f eine beliebige berechenbare, **nur** von k abhängige Funktion,
- k der Parameter,
- p ein von n abhängiges Polynom,
- n die Eingabegröße (zum Beispiel Anzahl an Knoten im Graph).

1.2 Problemkernreduktion

Ziel ist es, ein gegebenes Problem in polynomieller Zeit zu vereinfachen.

Definition Problemkernreduktion: Sei L ein parametrisiertes Problem, bestehend aus dem Eingabepaar (I, k) wobei I die Probleminstanz und k der Parameter ist.

$$(I, k) \in L$$

Eine Reduktion auf den Problemkern ist das Ersetzen der Instanz (I, k) durch eine reduzierte Instanz (I', k'), für die gilt:

1. $k' \leq k$
2. $|I'| \leq f(k)$ wobei f nur von k abhängt
3. (I, k) hat eine Lösung, **genau dann wenn** (I', k') eine Lösung hat.

Die Reduktion muss in polynomieller Zeit berechenbar sein. [3]

Definition Datenreduktionsregeln: Eine Datenreduktionsregel [1] ist eine Abbildung $\phi : (I, k) \Rightarrow (I', k')$ die folgende Eigenschaften erfüllt:

1. ϕ ist in polynominieller Zeit berechenbar
2. $(I, k) \in L$ g.d.w. $(I', k') \in L$
3. $|I| \leq |I'|$ und $|k'| \leq |k|$

1.3 Kurzeinführung Graph

Ein Graph G ist ein Zweitupel $G = (V, E)$ wobei V die Menge aller Knoten und E die Menge aller Kanten ist.
Eine Kante e ist definiert als $e = \{u, v\}$ wobei $u, v \in V$ sind.

$|V|$ ist die Anzahl an Knoten in G
Beispiel: $|V| = 3$ mit $V = \{a, b, c\}$

$|E|$ ist die Anzahl an Kanten in G
Beispiel: $|E| = 2$ mit $E = \{\{a, b\}, \{a, c\}\}$

$deg(v)$ ist der Grad des Knotens v das heißt die Anzahl aller zu v inzidenten Kanten.

$N(v)$ ist Knotenmenge der Nachbarn von Knoten v.

2 Vertex Cover Problem

2.1 Definition Vertex Cover:

Für einen ungerichteten Graphen $G = (V, E)$, heißt eine Knotenmenge $S \subseteq V$ genau dann eine Knotenüberdeckung oder VERTEX COVER von G, wenn für jede Kante $\{u, v\} \in E$ mindestens einer der zwei Knoten in S liegt.
$$\{u, v\} \in E \Rightarrow u \in S \lor v \in S$$

Beispiel: Gegeben sei ein ungerichteter Graph $G = (V, E)$
mit $|V| = 11$ und $|E| = 14$ wobei $V = \{a, b, c, d, e, f, g, h, i, j, k\}$
und $E = \{\{a, d\}, \{b, d\}, \{d, e\}, \{b, e\}, \{e, c\}, \{e, h\}, \{e, g\}, \{d, h\}, \{d, f\}, \{i, f\}, \{i, h\}, \{i, j\}, \{j, h\}, \{j, g\}\}$ ist.

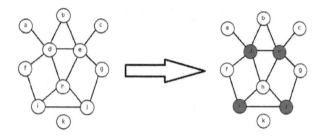

Abb. 1. Die rot eingefärbten Knoten bilden ein VERTEX COVER mit $|S| = 4$ und $S = \{d, e, i, j\}$ (Beweis folgt später).

2.2 Parametrisierte Problemdefinition

Gegeben: Ein Graph $G = (V, E)$ und *ein Parameter k.*
Gesucht: Eine Knotenmenge $S \in V$ mit $|S| \leq k$, sodass jede Kante in E mindestens einen ihrer Endknoten in S hat. [1]

Beispiel
Gegeben: Der obige ungerichtete Graph $G = (V, E)$ mit $|V| = 11$, $|E| = 14$ und ein Parameter $k = 4$.
Gesucht: Eine Knotenmenge $S \subseteq V$ mit $|S| \leq 4$, sodass jede Kante in E mindestens einen ihrer Endknoten in S hat.
Gefunden: Ein VERTEX COVER mit $k = 4$ (Beweis folgt), zu beachten ist das für $k < 4$ es keine Lösung gibt. [Beispiel siehe Abbildung 1]

2.3 Datenreduktion

Ein Verfahren zur Ermittlung eines Vertex Covers ist die Anwendung von Datenreduktionsregel.[1]

Datenreduktionsregel 1
Alle isolierten Knoten das heißt alle Knoten, die keine Nachbarknoten und deshalb keine inzidenten Kanten haben, werden aus dem Graphen entfernt wobei k gleich bleibt.

Korrektheit
Diese Regel ist korrekt, weil solche isolierten Knoten niemals Teil eines VERTEX COVERS sein können, da sie keine Kanten abdecken können.

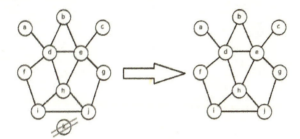

Abb. 2. Alle isolierten Knoten entfernen.

Datenreduktionsregel 2

Für jeden Knoten u mit $deg(u) = 1$ gilt:
nehme seinen Nachbarknoten v und füge v zu S (VERTEX COVER) hinzu. Verringere als nächstes k um 1 ($k = k - 1$), nehme den Knoten v, lösche ihn und alle zu v inzidenten Kanten. [Beispiel Abbildung 3]

An diesem Beispiel [Abbildung 3] kann man sehen, dass durch die Anwendung der Reduktionsregel weitere Knoten mit Grad 1 entstehen können, auf die man diese Regel noch einmal anwenden kann. Durch Entfernen von Knoten d wurde Knoten a zu einem isolierten Knoten, diesen kann man aus G entfernen nach Reduktionsregel 1.

Korrektheit

Diese Regel ist korrekt, weil Kante $e = \{a, d\}$ abgedeckt werden muss, da sonst ein Kante existiert deren beide Endknoten nicht im VERTEX COVER sind. Dies ist jedoch nach Definition vom VERTEX COVER ausgeschlossen. [1]

Datenreduktionsregel 3 (Buss)

Gibt es einen Knoten u mit $deg(u) \geq k + 1$ nehme u in S (VERTEX COVER) auf. Entferne alle zu u inzidenten Kanten sowie alle entstandenen isolierten Knoten aus dem Graphen und verringere k um 1 ($k = k - 1$). [3]

Als Beispiel wird auf Abbildung 3 verwiesen, da es zum gleichen Ergebnis führt, für einen Parameter $k = 4$ und ein Knoten d mit $deg(d) = 5$.

Korrektheit

Diese Regel ist korrekt, weil $deg(d) \geq k + 1$ ist, das bedeutet d muss in die Lösungsmenge S aufgenommen werden. Sollte Knoten d nicht in S aufgenommen werden, so müssten alle $k + 1$ Nachbarknoten von d in S aufgenommen werden

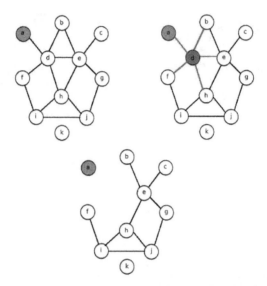

Abb. 3. Entferne den Nachbarknoten von a und alle seine inzidenten Kanten

um alle zu d inzidenten Kanten abzudecken. Dies ist jedoch nicht möglich, da sonst $|S| > k$ werden würde.

Beispiel der drei Regeln
Wir suchen ein VERTEX COVER mit $k \leq 4$ unter Anwendung der drei Reduktionsregeln.

Isolierte Knoten werden enfernt und k bleibt unverändert das heißt $k = 4$. [Abbildung 4]

Durch Anwendung von Regel 2 wird Knoten d in die Lösungsmenge S aufgenommen und k um 1 dekrementiert $\Rightarrow k = 3$.[Abbildung 5] Der entstandene isolierten Knoten a kann gleich mit entfernt, wobei k gleich bleibt.

6

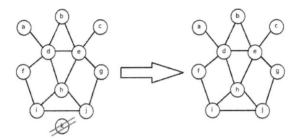

Abb. 4. Regel 1, isolierte Knoten werden enfernt.

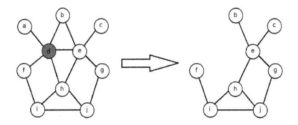

Abb. 5. Regel 3, dieser Knoten hätte auch durch Anwendung von Regel 2 entfernt werden können.

Durch Anwendung von Regel 3 wird Knoten e in die Lösungsmenge S aufgenommen und k wird um 1 dekrementiert $\Rightarrow k = 2$.[Abbildung 6] Auch in diesem Fall werden die entstandenen isolierten Knoten b und c nach Regel 1 gleich mit entfernt, wobei k gleich bleibt.

Knoten f hat Grad 1 das heißt Nachbarknoten i wird entfernt. k wird um 1 dekrementiert $\Rightarrow k = 1$. Entstandener isolierter Knoten f wird nach Regel 1 gleich mit entfernt, k bleibt gleich. [Abbildung 7]

Durch Anwendung von Regel 3 wird Knoten j in die Lösungsmenge S aufgenommen und k wird um 1 dekrementiert $\Rightarrow k = 0$. Die entstandenen isolierten Knoten g und h werden nach Regel 1 gleich mit entfernt, k gleich bleibt. Da

7

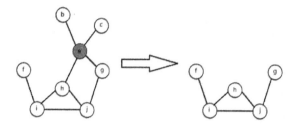

Abb. 6. Regel 3, dieser Knoten hätte auch durch Anwendung von Regel 2 entfernt werden können.

Abb. 7. Regel 2, dieser Knoten hätte auch durch Anwendung von Regel 3 entfernt werden können. Zur Veranschaulichung wird Knoten i mit Regel 2 entfernt.

keine Kanten mehr vorhanden sind und $k = 0$ ist wurde ein VERTEX COVER gefunden mit $k = 4$ und $S = \{d, e, i, j\}$. [Abbildung 8]

2.4 Die Kronen Struktur

Eine Krone besteht aus zwei Knotenmengen $I \subset V$ und $N \subset V$ eines Graphen $G = (V, G)$ für die folgende Eigenschahten gelten:

- $I \cap N = \emptyset$ (I ist isoliert von N)
- $N = \{N(v) : v \in I\}$ (Knotenmenge der Nachbarn von I)
- I ist eine unabhängige Knotenmenge das heißt: $u, v \in I : (u, v) \notin E$
  (Alle Knoten in I sind nicht mit einander verbunden)
- Der bipartite Teilgraph T bestehend aus $I \cup N$ und den Kanten zwischen I und N hat ein maximales Matching der Größe $|N|$.

Kronenreduktionsregel Existiert eine Krone (I, N) im Graph G, so entferne die Knotenmengen I, N sowie alle zu I und N indizenten Kanten aus G und reduziere k um $|N|$ also:

Abb. 8. Regel 3, dieser Knoten hätte ebenfalls durch Anwendung von Regel 2 entfernt werden können.

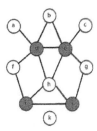

Abb. 9. Durch Anwendung der Reduktionsregeln gefundes VERTEX COVER

$$k = k - |N|$$

Beispiel für Kronen k wird um $|N|$ dekrementiert also: $k = k - 2 = 2$.
Wird eine Kronenstruktur in einem Graphen gefunden kann sie mit einem Schlag entfernt werden. In diesem (kleinen) Graphen wurde dadurch ein Reduktionschritt gespart.[Abbildung 11]

2.5 Existenz des Kerns

Nach erschöpfender Anwendung der obigen Regeln existiert kein Knoten v mehr dessen Grad größer als k ist. Daraus folgt, dass jeder Knoten, wenn er zum VERTEX COVER hinzugefügt wird, höchsten k inzidente Kanten abdecken kann. Da höchstens k Knoten im VERTEX COVER enthalten sein können (um eine Lösung zu erhalten), darf der verbleibende Graph nicht mehr als k^2 Kanten und $k \cdot (k + 1)$ Knoten haben haben.

Ein Graph mit Kronenstruktur:

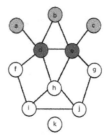

Abb. 10. Krone (I, N) mit $I = \{a, b, c\}$ in grün und $N = \{d, e\}$ in blau.

3 Hitting-Set-Problem

3.1 Definition:

Um die Definition des Hitting-Set-Problems besser bzw. schneller verstehen zu können, ist es hilfreich sich zuvor die Definition zu Hypergraphen anzusehen [4]:

> Ein Hypergraph H ist definiert als $H = (X, E)$, wobei X der Menge der Knoten in H entspricht und die Menge E die Knotenverbindungen enthält. Der Unterschied zu einem normalen Graphen liegt hier in der Menge E, die jetzt nicht mehr nur noch Untermengen mit zwei Elementen enthält (Die beiden Knoten, die verbunden sind), sondern beliebig viele Elemente enthalten können. Dabei müssen aber nicht alle Untermengen dieselbe Mächtigkeit besitzen.

Um einen Hypergraphen möglichst einfach reduzieren zu können, müssen alle Untermengen in E dieselbe Anzahl d an Elementen enthalten. Bei einem solchen zu reduzierenden Hypergraphen spricht man von einem d-Hitting-Set-Problem. Gilt also $d = 2$, spricht man von einem normalen Graphen und das 2-Hitting-Set-Problem ist somit auch unter dem Namen "Vertex-Cover" bekannt [5]. Wir beschäftigen uns ab hier speziell mit dem 3-Hitting-Set-Problem (3HS), um möglichst einfach an das Thema heranzuführen.

Widmen wir uns der Definition des 3HS :

> Gegeben ist eine Menge C an Untermengen der Mächtigkeit 3 eines endlichen Sets S und eine positive Ganzzahl k. Gesucht ist dann, ob eine

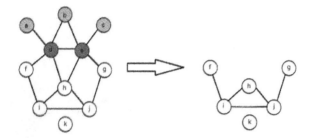

Abb. 11. Reduktion durch Kronenstruktur

Untermenge $S' \subseteq S$ mit $|S'| \leq k$, so dass S' mindestens ein Element jeder Untermenge in C enthält, existiert.

Wir gehen die Darstellung von Hypergraphen im nachfolgenden Beispiel etwas theoretischer an, indem wir die Kantenmengen als solche einfach niederschreiben und nicht grafisch darstellen.

3.2 Beispiel:

$C = \{\{1, 2, 3\}, \{1, 4, 6\}, \{5, 6, 2\}\}$, während wir einfach annehmen, dass die Zahlen bestimmten Knoten im Hypergraphen entsprechen.

Lösungsansatz : Natürlich könnte man hier lediglich die Vereinigung der Untermengen von C ($S' = \{1, 2, 3, 4, 5, 6\}$) als Lösung benutzen. Jedoch würde diese nicht gelten, wenn ein $k < 6$ gewählt wurde. Deshalb fangen wir eher von der anderen Seite an und suchen nach einer Lösung für $k = 1$, also nach einem Element bzw. Knoten, der in jeder Untermenge von C auftaucht. Falls ein solcher nicht existiert, erhöhen wir k um 1 und suchen weiter, ob es eine Knotenmenge mit k Elementen gibt, die in allen Untermengen von C vorkommen :

- Für $k = 1$ existiert keine Lösung.
- Für $k = 2$ existieren sogar mehrere Lösungen : $S' = \{1, 2\}$, $S' = \{1, 5\}$ usw.

Für eine solch überschaubare Menge funktioniert dieser Ansatz relativ gut - aber wenn die Knotenmenge und/oder die Verbindungsmenge viel größer ausfallen, müssen andere Algorithmen her. Um mit diesen aber eine bestmögliche Lösung zu erzielen, sollte man möglichst viele gleichzeitig anwenden, da nicht unbedingt bei jedem das optimale Ergebnis entsteht (wenn es überhaupt bei einem einzigen entsteht). Sprich: es existiert im Moment kein bekannter Algorithmus, der alle Hypergraphen optimal lösen kann. Aber um mal zwei dieser Behilfsalgorithmen aufzuzählen [6]:

- Approximations-Algorithmus
- Frequenz-Heuristik-Algorithmus

Um zu zeigen, dass man damit nicht immer die gewünschten Ergebnisse erzielt, wenden wir den Annäherungs-Algorithmus auf das obige Beispiel an :

S' ← Leeres Set;
während S' noch nicht alle Untermengen abdeckt **wiederhole** {
    wähle eine Untermenge die noch nicht abgedeckt ist und
    füge **alle** darin enthaltenen Elemente zu S' hinzu;
}
return S';

Auf das Beispiel angewandt, erhält man als Lösungsmenge: $S' = \{1, 2, 3\}$

3.3 Existenz des Kerns [5]:

Satz: Ein 3-Hitting-Set besitzt einen Problemkern mit $|C| = O(k^3)$ und dieser kann in linearer Zeit gefunden werden.

Zunächst legen wir unsere Reduktionsregeln fest[8]:

Regel 1: Für jedes Paar $x, y \in S$ mit $x < y$: Falls es mehr als k dreielementige Teilmengen aus C gibt, die sowohl x als auch y enthalten, dann entferne all diese Teilmengen aus C und füge $\{x, y\}$ zu C hinzu.

Regel 2: Für jedes Element $x \in S$: Falls mehr als k^2 dreielementige Teilmengen bzw. mehr als k zweielementige Teilmengen in C existieren, die x enthalten, dann muss x in jedem 3HS der Größe maximal k liegen.

Beweis: Wir betrachten zwei feste Elemente $x, y \in S$: Angenommen (Annahme 1), wir können für eine Instanz (C, k) in linearer Zeit eine Instanz (C', k) finden, so dass $(C, k) \in$ 3HS ist, genau dann, wenn $(C', k) \in$ 3HS ist. Außerdem können nur maximal k viele Untermengen der Mächtigkeit 3 von S in C' existieren, die sowohl x als auch y enthalten. Nehmen wir also an, dass es mehr als k Untermengen gibt, die x und y enthalten. Weil jede Untermenge nur ein einziges Mal in C liegt, bedeutet das, dass mehr als k verschiedene Drittelemente in den entsprechenden Untermengen sind. Um dazu diese mehr als k verschiedenen Mengen mit maximal k vielen Elementen aus der Basis-Menge S abzudecken, müssen wir mindestens entweder x oder y in unser Hitting-Set S' aufnehmen. Das bedeutet jedoch, dass alle Mengen, die sowohl x als auch y enthalten, durch die Menge $\{x, y\}$ ersetzt werden können.

Als nächstes betrachten wir den Fall für ein festes Element $x \in S$. Angenommen

12

(Annahme 2), wir können für eine Instanz (C, k) eine Instanz (C', k') in linearer Zeit finden, so dass $(C, k) \in$ 3HS ist, genau dann, wenn $(C', k') \in$ 3HS ist, wo $k' \leq k$ gilt. Außerdem können maximal k^2 Untermengen, der Mächtigkeit 3, von $C'x$ enthalten. Nun also angenommen, dass es mehr als k^2 Untermengen gibt, die x enthalten. Durch Annahme 1 können wir nun also annehmen, dass x in einer Untermenge zusammen mit einem anderen Element y maximal k-Mal auftauchen kann. Falls also daher mehr als k^2 Untergruppen bestehen würden, die x enthalten, könnten diese also nicht von irgendeinem $S' \subseteq S$ mit $|S'| \leq k$ abgedeckt werden ohne x zu wählen. Folglich muss x in S' sein und die entsprechenden Untermengen können entfernt werden.

Aus diesen beiden Beweisen lässt sich nun also folgern, dass der Problemkern eines 3HS die Mächtigkeit von $O(k^3)$ besitzt, denn: Dank dem Beweis zu Annahme 2 wissen wir, dass ein festes x maximal in k^2 Untermengen vorkommen kann und weil die Mächtigkeit des 3HS maximal k groß sein kann, folgt :

$$k \cdot k^2 = k^3 \text{ Untermengen mit drei Elementen } \square$$

4   Dominating Set (in planaren Graphen)

4.1   Was ist ein Dominating Set?

Einführung: In diesem Kapitel widmen wir uns wieder den normalen Graphen und wie man diese mit Hilfe des Dominating-Sets reduzieren kann. Um mit den Reduktionsregeln des Dominating-Sets einen solchen Graphen $(G = (V, E))$ zu reduzieren, müssen wir hier eine Teilmenge S der Knoten V finden, so dass jeder Knoten entweder selbst oder mindestens einer seiner Nachbarn darin enthalten ist. Diese Teilmenge darf nur maximal k Knoten enthalten. Dabei existiert ein minimales k, für das der Graph G ein k-großes DS besitzt - dieses k wird dann als Dominierungszahl von G bezeichnet (Notation: $\gamma(G)$).
Bevor wir uns jetzt den recht komplizierten Regeln widmen, sehen wir uns vorerst ein kleines Beispiel an, in dem lediglich auf diese Formulierung zurückgegriffen wird :

Anwendungsbeispiel: Sie sind Teil eines Nachbarschaftstreffens im kleinen beschaulichen Dörfchens "Graphenhof" und weil schon wieder die monatliche Gebühr des Abonnements der Tageszeitung erhöht wurde, wird nun beim Treffen darüber diskutiert. Von Bauer Knoten kam die Idee, dass doch nur ein paar Dorfbewohner sich die Zeitung abonnieren müssten und diese dann einfach nach dem Lesen an den Nachbarn weiterreichen. Das Problem daran ist, dass der Bauplaner betrunken war, als er das kleine Dorf angelegt hat [7]:
Die Knoten stellen hier nun also die einzelnen Dorfbewohner dar, während man die Verbindungen als kleine Straßen betrachten kann. Ziel ist nun also, wie bereits beschrieben, möglichst wenige Knoten ins Dominating-Set aufzunehmen, so dass

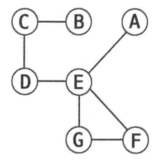

Abb. 12. Häuseranordnung im Graphenhof

jeder Knoten im Graph entweder selbst im DS oder mindestens einer seiner Nachbarn enthalten ist.

$S = \{C, E\}$ wäre hier eine mögliche Lösung.

4.2 Reduktionsregeln:

Hiervon gibt es nur zwei Stück, die aber dennoch sehr komplex sind. Fangen wir zunächst mit der einfacheren an, bei der wir die Umgebung bzw. Nachbarschaft eines einzelnen Knotens $v \in V$ betrachten (Abb. 16) [7].

Diese Nachbarschaft teilen wir jetzt in drei unterschiedliche Gruppen ein:

- Gruppe 1: Knoten, die Verbindungen zu anderen Knoten besitzen, die wiederum nicht mit v verbunden sind. (Ausgänge)
- Gruppe 2: Knoten, die keine Ausgänge sind, die aber sowohl mit v als auch mindestens mit einem Ausgangsknoten Verbindungen besitzen. (Wächter)
- Gruppe 3: Der Rest bzw. die Knoten, die maximal Verbindungen zu Wächtern besitzen. (Gefangene)

Fertig eingefärbt erhalten wir das Bild des Graphen, was in Abb.15 veranschaulicht ist.

Betrachten wir diese Vorgehensweise nun noch auf mathematische Art. Die Mengen der Gruppen stellen wir als $N_1(v)$, $N_2(v)$ und $N_3(v)$ dar. Zusätzlich definieren wir noch $N[v] := N(v) \cup \{v\}$ und [5]:

14

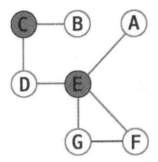

Abb. 13. Mögliche Zeitungsabonnenten

- $N_1(v) := \{u \in N(v) | (N(u) \backslash N[v]) \neq \emptyset\}$,
- $N_2(v) := \{u \in N(v) \backslash N_1(v) | (N(u) \cap N_1(v)) \neq \emptyset\}$,
- $N_3(v) := N(v) \backslash (N_1(v) \cup N_2(v))$

Nach dem Einteilen besagt die erste Regel, dass alle Knoten die in $N_2(v)$ (Wächter) und $N_3(v)$ (Gefangene) enthalten sind, aus dem Graphen entfernt werden müssen. Anschließend bringt man einen neuen Knoten v' (Gadget-Knoten) an v an (Abb. 18) - es sei denn, die Menge $N_2 \cup N_3$ ist leer. Mit v' wird am Ende gesichert, dass v in die Lösung aufgenommen wird.

Diese Regel kann in $O(n)$ Zeit für planare Graphen durchgeführt werden - allgemein bei Graphen wird $O(n^3)$ Zeit benötigt [5].

Bei der zweiten Reduktionsregel wird dagegen nun die Nachbarschaft zweier Knoten $v, w \in V$ in dem Graphen betrachtet. Hierbei unterteilt man die Nachbarknoten zunächst ebenso in die Gruppen Ausgänge, Wächter und Gefangene (Abb. 19).

Hierzu definieren wir vorerst $N(v, w) := N(v) \cup N(w)$, $N[v, w] := N[v] \cup N[w]$ und anschließend wieder die drei Gruppen [5]:

- $N_1(v, w) := \{u \in N(v, w) | (N(u) \backslash N[v, w]) \neq \emptyset\}$,
- $N_2(v, w) := \{u \in N(v, w) \backslash N_1(v, w) | (N(u) \cap N_1(v, w)) \neq \emptyset\}$,
- $N_3(v, w) := N(v, w) \backslash (N_1(v, w) \cup N_2(v, w))$

15

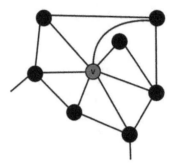

Abb. 14. Umgebung des Knotens v

Die eigentliche Regel an sich ist um einiges komplexer: Dazu nehmen wir zuerst für zwei verschiedene $v, w \in V$ an, dass $N_3(v, w) \neq \emptyset$ und die darin enthaltenen Knoten nicht von einem einzigen anderen Knoten dominiert werden können, der Teil der anderen beiden Gruppen ist.

Fall 1: Wenn alle Knoten $N_3(v, w)$ von einem einzigen aus $\{v, w\}$ dominiert werden können...

1. ...und $N_3(v, w)$ sowohl Teilmenge von $N(v)$ als auch von $N(w)$ ist, dann können alle Gefangenen-Knoten ($N_3(v, w)$) und die Knoten in $N_2(v, w) \cap N(v) \cap N(w)$ aus dem Graphen entfernt werden. Anschließend bringt man zwei neue Knoten z, z' an, die beide jeweils sowohl mit v als auch mit w Verbindungen besitzen.

2. ...und $N_3(v, w)$ nur Teilmenge von $N(v)$ ist (also disjunkt mit $N(w)$), dann können alle Gefangenen-Knoten ($N_3(v, w)$) und die Knoten $N_2(v, w) \cap N(v)$ aus dem Graphen entfernt werden. Anschließend bringt man einen neuen Knoten v' mit Verbindung zu v im Graphen an.

3. ...und $N_3(v, w)$ nur Teilmenge von $N(w)$ ist (also disjunkt mit $N(v)$), dann können alle Gefangenen-Knoten ($N_3(v, w)$) und die Knoten $N_2(v, w) \cap N(w)$ aus dem Graphen entfernt werden. Anschließend bringt man einen neuen Knoten w' mit Verbindung zu w im Graphen an.

Fall 2: Wenn die Knoten in $N_3(v, w)$ nicht von einem einzigen aus $\{v, w\}$ dominiert werden können, dann können alle Gefangenen-Knoten ($N_3(v, w)$) und

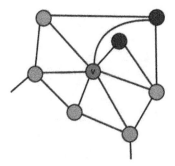

Abb. 15. Umgebung des Knotens v nach dem Einteilen seiner Nachbarn

die Wächter-Knoten ($N_2(v,w)$) entfernt werden. Anschließend bringt man zwei neue Knoten v', w' an, die die Verbindungen $\{v, v'\}$ und $\{w, w'\}$ besitzen.

4.3 Existenz des Kerns [5]:

Zunächst das Lemma zur ersten Reduktionsregel :
Wir haben einen Graphen $G = (V, E)$, welcher nach dem Anwenden der ersten Reduktionsregel dem Graphen $G' = (V', E')$ entspricht. Dann gilt $\gamma(G) = \gamma(G')$.

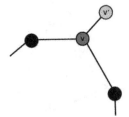

Abb. 16. Umgebung des Knotens v nach dem Anwenden der Regel

Beweis :
Wir wählen einen Knoten $v \in V$ und nehmen an, dass Knoten für $N_3(v)$ existieren. Knoten, die in dieser Gruppe sind, können nur von v selbst oder aber von welchen, die in $N_2(v) \cup N_3(v)$ liegen, dominiert werden. Wählen wir nun einen Knoten $w \in N_2(v) \cup N_3(v)$, dann gilt für dessen Nachbarschaft $N(w) \subseteq N(v)$. Somit ist gezeigt, dass es optimal ist, den Knoten v in das DS aufzunehmen. Durch den neu angehängten Knoten v' wird das repräsentiert. Um das Ganze abzuschließen: Es können somit alle Knoten in $N_2(v) \cup N_3(v)$ entfernt werden, weil diese schon von v dominiert werden. Damit gilt auch $\gamma(G) = \gamma(G')$. $\square$

Nun noch das Lemma zur zweiten Reduktionsregel :
Wir haben einen Graphen $G = (V, E)$, welcher nach dem Anwenden der ersten Reduktionsregel dem Graphen $G' = (V', E')$ entspricht. Dann gilt $\gamma(G) = \gamma(G')$.

Beweis :
Wie beim Beweis zum ersten Lemma, ist es zunächst klar, dass Knoten aus $N_3(v, w)$ nur von Knoten aus der Menge $M := \{v, w\} \cup N_2(v, w) \cup N_3(v, w)$ dominiert werden können. Und auch hier basieren alle Fälle der zweiten Reduktionsregel darauf, dass die Gefangenen-Knoten dominiert werden müssen. Das trifft aber nur dann zu, wenn es keinen einzelnen Knoten in $N_2(v, w) \cup N_3(v, w)$ gibt, der $N_3(v, w)$ dominiert.
Widmen wir uns nun zunächst dem Beweis der Fälle 1.2 und 1.3 :
Wenn der Knoten v alle Gefangenen-Knoten allein dominiert (diese also keine Verbindungen zu w besitzen), dann ist es optimal v in das DS aufzunehmen. Es ist dabei auch nie besser, wenn man zwei andere Knoten $\{x, y\} \in M \backslash \{v\}$ wählt. Es ist möglich, dass wir trotzdem noch w dazuholen müssen, um ein minimales

18

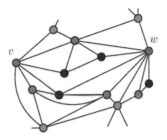

Abb. 17. Umgebung der Knoten v und w nach dem Einteilen

DS zu erreichen, aber in jedem Fall dominieren die Knoten $\{v, w\}$ mindestens ebenso viele Knoten, wie $\{x, y\}$. Und auch hier simuliert der Gadget-Knoten mit der Verbindung $\{v, v'\}$, dass wir v in das DS aufgenommen haben. Nun können wir auch ohne weitere Bedenken die Knoten in $R := (N_2(v, w) \cap N(v)) \cup N_3(v, w)$ entfernen, denn weil wir v in das DS gewählt haben, werden all diese Knoten schon dominiert und das entstehende DS ist mindestens genau so gut, wie eines aus anderen Knoten aus M.

Bei Fall 1.1 können wir alle Knoten aus $N_3(v, w)$ entweder mit v oder mit w dominieren. Weil wir zu diesem Zeitpunkt nicht entscheiden können, welchen der beiden wir wählen sollten, erstellen wir zwei Gadget-Knoten z und z' welche die Auswahl aus v und w repräsentieren. In jedem Fall ist es jedoch besser, als nur einen der beiden Knoten, beide oder zwei komplett andere Knoten aus M zu nehmen. Es ist nun also auch sicher, die Knoten in $N_3(v, w) \cup (N_2(v, w) \cap N(v) \cap N(w))$ zu entfernen, aus demselben Grund wie im Beweis zu 1.2 bzw. 1.3.

Im letzten Fall brauchen wir mindestens zwei Knoten, um $N_3(v, w)$ zu dominieren. Und da auch hier gilt, dass jedes DS aus zwei anderen Knoten $\{x, y\} \in M$ maximal dieselbe Menge an Knoten dominieren kann, wie $\{v, w\}$, ist es optimal eben diese beiden Knoten v und w in unser DS aufzunehmen. Repräsentiert wird das Ganze hierbei durch die zwei Gadget-Knoten v' und w'. Und auch hier gilt wieder, dass wir ohne Bedenken $N_3(v, w)/cup N_2(v, w)$ entfernen können, da diese Knotenmenge bereits dominiert wird. $\square$

Literatur

1. Diplomarbeit, Autor: Marcus Bombe, Titel: Problemkern-Reduktion und Fixed Parameter Tractability von Graphenproblemen
2. http://www.stce.rwth-aachen.de/twiki/pub/Teaching/Winter0910/ ProseminarGraphAlgorithmen/VertexCover_folien.pdf

3. TECHNIQUES FOR PRACTICAL FIXED-PARAMETER ALGORITHMS
   F Huffner, R Niedermeier, S Wernicke - Computer Journal, 2008 - Oxford University
   Press
4. http://en.wikipedia.org/wiki/Hypergraph
5. Invitation to Fixed-Parameter Algorithms, Chapter 7
   Rolf Niedermeier
6. http://de.scribd.com/doc/49151509/Partition-problem-hitting-set-problem
7. Proseminar "Parametrisierte Algorithmen"
   Thomas Siwczyk, TU Dortmund
8. http://www.tu-ilmenau.de/fileadmin/public/iti/Lehre/KT/WS11/blatt-7.
   pdf
   Prof. Dr. Martin Dietzelfelbinger, Dipl.-Inf. Martin Aumüller, TU Ilmenau